HEINRIC

CW01574480

MAN KANN RUHIG DARÜBER SPRECHEN

Bearbeitet von: Gisela Betke Nielsen
Illustrationen: Erik Strøm

EASY READERS · ER · LEICHT ZU LESEN

GEKÜRZT UND VEREINFACHT FÜR
SCHULE UND SELBSTSTUDIUM

Diese Ausgabe, deren Wortschatz nur die gebräuchlichsten deutschen Wörter umfasst, wurde gekürzt und in der Struktur vereinfacht und ist damit den Ansprüchen des Deutschlernenden auf einer frühen Stufe angepasst.

Dieses Werk folgt der reformierten Rechtschreibung und Zeichensetzung

HERAUSGEBERIN
Ulla Malmmose

Umschlagentwurf: Mette Plesner
Umschlagfoto: Polfoto

ISBN Dänemark 978-87-23-90252-8
www.easyreaders.eu
The CEFR levels stated on the back of the book are approximate levels.

Easy Readers EGMONT

Gedruckt in Dänemark von
Sangill Grafisk, Holme Olstrup

HEINRICH SPOERL
(1887-1955)

Heinrich Spoerl wurde in Düsseldorf am Rhein geboren und er starb am Tegernsee in Bayern.

Er gehört zu den größten Humoristen der modernen deutschen Literatur. Seine lustigen Unterhaltungsromane hatten auch als Filmkomödien große Erfolge. In seinen Werken, in denen er vom Alltagsleben der Kleinbürger erzählt, schreibt er besonders gern von seinen Schulerlebnissen. Zusammen mit seinem Sohn Alexander schrieb er eine Satire auf die Korruption und auf den sittlichen Verfall seiner Mitmenschen.

Spoerl studierte Jura und arbeitete als Rechtsanwalt in seiner Heimatstadt. Danach lebte er viele Jahre in Berlin und schließlich ließ er sich am Tegernsee nieder.

Werke des Autors:

Die Feuerzangenbowle, 1936; Der Maulkorb, 1936; Man kann ruhig darüber sprechen, 1937; Der Gasmann, 1940; Das andere Ich, 1942; Die weiße Weste, 1946; Die Hochzeitsreise, 1946; Der eiserne Besen, 1949; Ich vergaß zu sagen, 1955.

INHALT

WIR HATTEN EINEN ...

Wenn *würdevolle* Männer zusammensitzen und *flüstern*, so ist das kein gutes Zeichen. Dann ist es besser wegzuhören. Wenn sie sich aber auf die *Schenkel* schlagen und laut lachen, so sprechen sie bestimmt von der Schule. Dann sprechen sie von ihren Lehrern und von ihren *Attentaten*, die sie gegen die Lehrer gemacht haben.

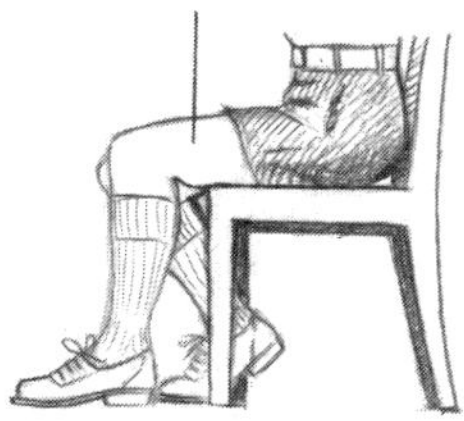

Wir hatten einen! Der war ein schrecklicher Mensch. Er ließ seine Jungen keine Minute aus den Augen. Sogar an der *Tafel* hatte er das Gesicht zur Klasse gedreht. Er schrieb mit langem Arm von der Seite an die Tafel und sah die Jungen an.

Bei ihm war es schwer einen *Streich* zu spielen. Aber einmal hatten wir doch Glück.

---

würdevoll, respektvoll
flüstern, sehr leise sprechen
das Attentat, hier: die böse Tat
der Streich, das lustige Spiel der Schüler gegen die Lehrer

Schon draußen vor der Tür hatte er sich gewundert, dass seine lustige Klasse so still war. Und als er hereinkam, standen wir alle ganz *geräuschlos* auf und setzten uns ebenso geräuschlos wieder auf unsere Plätze. Keine Bewegung, kein Ton. Nur artig ineinander gelegte Hände und artig aussehende Kinderaugen.

Doktor Engelbrecht merkte, dass etwas bevorstand. Aber auf seinem Stuhl lag kein nasser *Schwamm*. Sein *Federhalter* war nicht mit Leim *eingeschmiert*. Aus dem *Pult* sprang

ihm nichts entgegen. Die Tafel war nicht mit Fett eingeschmiert. Nicht einmal ein mitgebrachter *Maikäfer* flog durch den Raum.

---

geräuschlos, lautlos
der Leim, ein Mittel, mit dem man etwas zusammenhält und fest macht
einschmieren, mit Öl oder Creme bearbeiten

Die schreckliche Stille ging ihm auf die Nerven. Und das *Schlimmste*: hiergegen konnte man nichts machen. Für alles gab es strenge Strafen. Gegen Unfleiß, gegen Vergesslichkeit, sogar gegen fehlende *Reife*. Nur gegen *Mustergültigkeit* hatte man in der Schulordnung keine Strafe.

Doktor Engelbrecht war viel zu klug, um sich etwas merken zu lassen. Aber er behielt seine Klasse im Auge. Und langsam verstand er es: Warum sahen die Jungen denn die ganze Zeit nach links? Links stand der Klassenschrank. Alle Augen sahen auf ihn. Jetzt wusste er wenigstens, aus welcher Richtung die böse Tat kommen wird. Jetzt hatte er eine Richtung.

Was war mit dem Schrank? Er ging merkbar *unauffällig* daran vorbei. Man konnte nichts sehen. Er ging noch einmal vorbei, blieb stehen. Man konnte auch nichts hören. Er dachte daran, dass in einem Klassenschrank einmal ein Grammophon *versteckt* war. Mitten in der Stunde spielte es ein Musikstück. Doch das

---

schlimm, sehr böse
die Reife, das Wissen und die Vernunft der älteren Menschen
die Mustergültigkeit, das Artigsein
unauffällig, ohne etwas zu merken
verstecken, wegtun, damit die anderen es nicht finden

war in der *Quinta*. Streiche in der *Prima* hatten ein anderes Format.

Zum Schluss wurde es ihm zu dumm. Das *Starren* auf den Schrank war nicht zu *ertragen*.

»Habermann, was ist los?«

Habermann *petzte* immer. Aber seit der letzten Klassenschläge sagte er nichts mehr.

»Was mit dem Schrank ist, will ich wissen!«

»– – M – – mit dem Schrank?«, sagte Habermann.

»Warum seht ihr die ganze Zeit dahin? Antwort!«

»Überhaupt nichts – – vielleicht, weil Sie auch immer dahinsehen.«

Doktor Engelbrecht wollte den Schrank aufmachen. Das Gesicht hatte er wie immer zur Klasse gedreht. Oho, was war das? Warum hielten die Jungen die Hand vor das Gesicht?

»Hellwig, machen Sie den Schrank auf!«

Hellwig sah hilflos um sich herum.

»Was ist los? Haben Sie Angst?«

»Nein, überhaupt nicht – – aber vielleicht, weil Sie auch Angst haben.«

---

die Quinta, die zweite Klasse im Gymnasium
die Prima, die letzte Klasse im Gymnasium
starren, fest auf etwas sehen
ertragen, aushalten
petzen, etwas Böses über einen anderen erzählen

Doktor Engelbrecht wurde dunkelrot im Gesicht. Er ließ den *Hausmeister* kommen. Der Hausmeister machte den Schrank auf. Aber kein *Feuerwerk* sprang heraus. Keine *Katze* sprang heraus. Es geschah überhaupt nichts.

das Feuerwerk

die Katze

Die Tür stand weit auf. Doktor Engelbrecht sah sich aus respektvoller *Entfernung* den Inhalt an: *Hefte*, einen *Fußball*, ein *Tintenfass*, einen *Kasten* mit *Kreide*.

Doch – – da hing eine *Schnur* heraus! Eine Schnur war immer *verdächtig*! Der Hausmeister musste sie untersuchen. Es war keine *Zündschnur*, nur eine ganz normale Schnur, an die ein Stück Kreide angemacht war. Man

der Hausmeister, der Mann, der für die Ordnung in der Schule sorgt
die Entfernung, die Länge zwischen zwei Punkten
das Heft, *der Fußball*, *das Tintenfass*, *der Kasten*, *die Kreide*, *die Schnur*, *die Zündschnur*, siehe Zeichnung auf Seite 10
verdächtig, nicht glaubhaft

das Heft

der Fußball

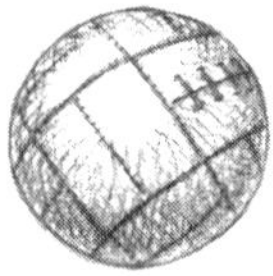

das Tintenfass

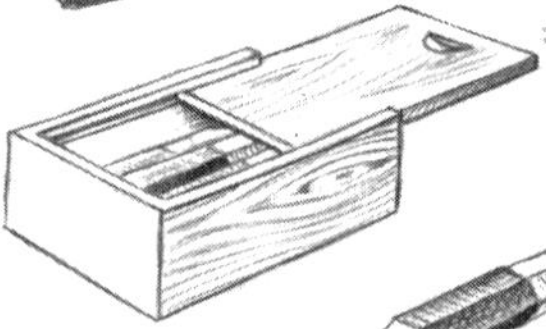

der Kasten

die Kreide

die Zündschnur

braucht sie für Kreise in der Mathematik!

Doktor Engelbrecht war ein Mann, der alles wissen musste. Der Schrank wurde leer gemacht. Alles wurde schön ordentlich auf den *Fußboden* vor den Schrank gelegt: die Hefte, die Bücher, die Kreidestückchen, der Fußball. Ein Schuh wurde auch noch gefunden und eine alte *Nagelfeile*. Dann war der Schrank leer.

Über die merkwürdige Stille konnte sich

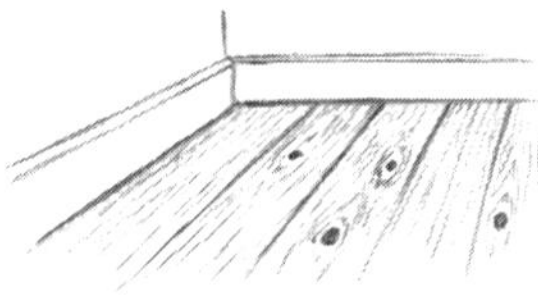

der Fußboden

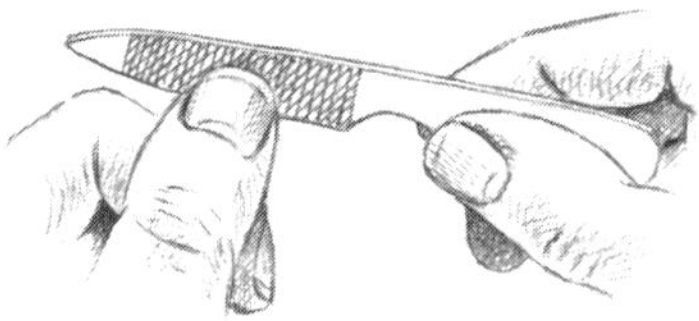

die Nagelfeile

Doktor Engelbrecht jetzt nicht mehr *beklagen*. Aus allen Ecken und von allen Seiten hörte man ein verdächtiges Lachen.

Langsam kam ihm ein Gedanke. Gerade in diesem Augenblick kam auch der Direktor. Er wollte den Schülern etwas Wichtiges sagen. Er wunderte sich sehr, den Inhalt des Klassenschrankes auf dem Fußboden zu sehen. Und in der merkwürdigen Stille – im feierlichen Kreis – standen die Schüler, der Lehrer und der Hausmeister.

»Lassen Sie sich nicht stören, Herr Kollege.«

»O bitte, Herr Direktor.«

»Schön, dass Sie einmal etwas *aufräumen*.«

»Ganz recht, Herr Direktor.«

»Aber vielleicht könnte man hierfür die Pause *benutzen* und nicht gerade die Schulstunde.«

»Natürlich, Herr Direktor – ich werde – ich wollte – es war nur, weil – –«

Der Direktor *schüttelte* den Kopf und ging. Doktor Engelbrecht ließ den Schrank wieder einräumen. Dann *schellte* es. Die Mathematikstunde war vorbei.

---

beklagen, traurig sein
aufräumen, Ordnung machen
benutzen, gebrauchen
schütteln, den Kopf hin und herbewegen
schellen, hören, dass die Stunde vorbei ist

FRAGEN

1. Warum sprechen würdevolle Männer so gern von ihren Schulstreichen?

2. Was für einen Streich spielen die Schüler in der Prima?

3. Welche Strafen gibt es in der Schulordnung?

4. Warum lässt Dr. Engelbrecht den Hausmeister holen?

DER STIFT

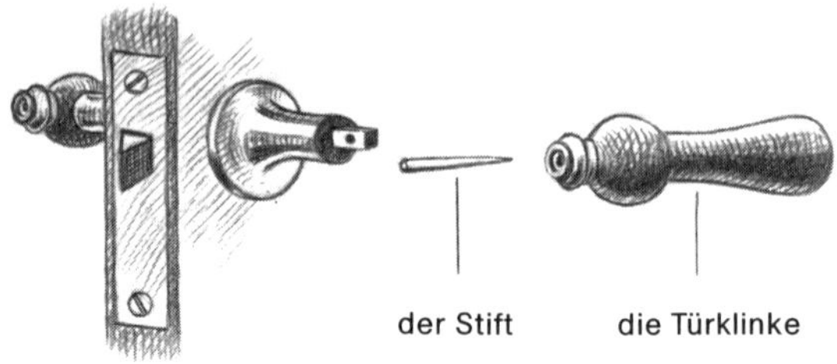

Eine *Türklinke* hat zwei Teile, einen positiven und einen negativen Teil. Diese Teile *stecken* ineinander, der kleine wichtige *Stift* hält sie zusammen. Ohne den Stift fällt alles auseinander. Auch die Türklinke in der *Obertertia* ist nach diesem Prinzip konstruiert.

Als der Englischlehrer um zwölf Uhr in die Klasse kam und wie immer mit Energie die Tür hinter sich zumachte, hatte er den negativen Teil der Klinke in der Hand. Der positive Teil flog draußen auf den Korridor.

Mit dem negativen Teil kann man eine Tür nicht aufmachen. Die Tür hat dann nur ein *viereckiges* Loch. Der negative Teil auch.

Die Klasse hatte die Luft angehalten und nun war sie in großer Freude. Die Klasse

---

stecken, festsitzen
die Obertertia, die fünfte Klasse im Gymnasium
viereckig, mit vier gleichen Seiten

wusste, was nun kam. Nämlich:

Erstens: Eine genaue Untersuchung, welcher Schüler den Stift herausgezogen hatte, und zweitens: Technische Versuche, wie man die Tür ohne Klinke aufmachen konnte.

Damit ging die Stunde vorbei.

Es kam aber nichts. Nicht »erstens« und nicht »zweitens«. Professor Heimbach war ein viel zu kluger Lehrer, um mit seiner Klasse über kriminalistische Untersuchungen und technische Probleme zu sprechen. Er wusste, worauf die Jungen warteten und er tat genau das Gegenteil.

»Wir werden hier schon einmal herauskommen«, sagte er kurz. »Mathiesen, fang bitte an! Kapitel siebzehn, Linie zwei.«

Matthiesen fing an und bekam eine *Drei minus*. Dann ging es weiter. Die Stunde war wie jede andere. Die Sache mit dem Stift war vergessen. Aber die Jungen waren doch etwas klüger. Wenigstens einer von ihnen. Plötzlich stand der lange Klostermann auf und sagte, er müsste *rausgehen*.

»Wir gehen später alle.«

Er musste aber trotzdem rausgehen.

»Setz dich auf deinen Platz!«

---

die Drei minus, ein schlechtes Resultat
rausgehen, hier: auf die Toilette gehen

Der lange Klostermann stand immer noch. Er sagte, er hatte *Pflaumen*kuchen gegessen und so weiter.

Professor Heimbach stand vor einem Problem. Gegen Pflaumenkuchen kann man nichts machen. Aber wer will die *Folgen* auf sich nehmen?

Der Professor ging zur Tür und machte einen Versuch mit der Türklinke. Er *stocherte* mit seinem Haus*schlüssel* in dem viereckigen Loch herum. Aber kein Schlüssel ließ sich hineinstecken.

der Schlüssel

die Pflaume

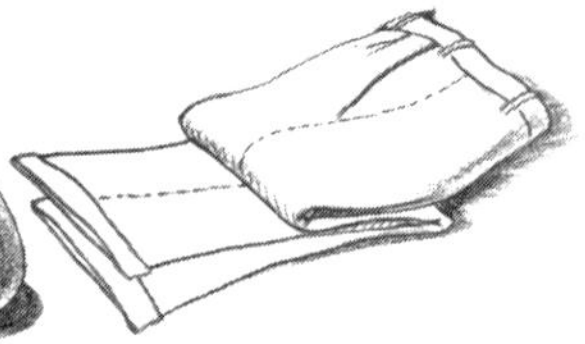
die Hose

»Gebt mir einmal eure Schlüssel her!« Merkwürdig! Kein Schüler hatte einen Schlüssel. Sie suchten in ihren *Hosen*taschen und *feixten*. Der Pflaumenkuchenmann feixte auch. Professor Heimbach war Menschenken-

---

die Folge, das Resultat
stochern, immer wieder hineinstecken
feixen, böse lachen

ner. Wer Pflaumenkuchen gegessen hat, der feixt nicht.

»Klostermann, ich kann dir nicht helfen. Setz dich ruhig wieder hin. Die Rechnung kannst du dem geben, der den Stift herausgenommen hat. Klebben, lass das Feixen sein und lies weiter!«

Also wieder nichts. Langsam, viel zu langsam wurde es ein Uhr. Dann schellte es. Die Schüler aus den anderen Klassen liefen auf die Straße. Aber die Obertertia konnte nicht gehen. Sie lag im dritten Stock am toten Ende eines langen Korridors.

Professor Heimbach machte mit dem *Unterricht* Schluss und blieb an seinem Pult sitzen. Die Jungen packten ihre Bücher ein.

»Wann können wir gehen?«

»Ich weiß es nicht, wir müssen warten.«

Warten war nichts für die Jungen. Außerdem hatten sie Hunger. Der dicke Schrader hatte noch ein Butterbrot und *kaute* es laut. Die anderen Jungen kauten an ihren Federhaltern.

»Können wir nicht vielleicht unsere Hausarbeiten machen?«

---

der Unterricht, die Schulstunde
kauen, laut essen

»Nein! Erstens werden Hausarbeiten, wie der Name sagt, zu Hause gemacht. Und zweitens habt ihr fünf Stunden hinter euch und müsst eure junge Gesundheit *schonen*. Ruht euch aus. Meinetwegen könnt ihr schlafen.«

Schlafen in den Bänken haben die Schüler genug versucht. Es ist wundervoll. Aber es geht nur, wenn es nicht erlaubt ist. Jetzt, wo es erlaubt war, machte es keine Freude und funktionierte nicht.

Eine schreckliche *Langeweile* ging durch das Zimmer. Die Jungen versuchten zu schlafen. Der Professor hatte es besser: Er korrigierte die Hefte für die nächste Stunde.

Kurz nach zwei Uhr kamen die *Putzfrauen*.

die Putzfrau

Die Obertertia konnte nach Hause gehen. Und der lange Klostermann, der den Stift her-

---

schonen, gesund leben
die Langeweile, die Zeit, die viel zu lang ist

ausgenommen hatte und sehr stolz darauf war, bekam Klassenschläge.

FRAGEN

1. Wie ist die Türklinke der Obertertia konstruiert?

2. Welche Reaktion erwarten die Schüler auf ihren Streich?

3. Warum macht Professor Heimbach keine technischen Untersuchungen?

4. Welche Meinung hat der Lehrer von dem Wunsch der Schüler, die Hausarbeiten zu machen?

DIE FEINE FLASCHE

Wenn man ein gutes Geschäft gemacht hat, ist man glücklich und trinkt ein Glas Wein.

Der Herr, von dem ich erzählen will, war ein feiner Herr. Er hatte ein besonders feines Geschäft gemacht. Er ging in ein Weinrestaurant, um das gute Geschäft mit einer stillen Flasche zu feiern.

Es war ein feines Restaurant. Das merkte man sofort. Im Raum war es halbdunkel und still. Die Kellner standen gelangweilt in den Ecken. Es gab mehr Kellner als Besucher und man sprach in einem leisen Flüsterton.

Der feine Herr setzte sich an einen Tisch und las die Weinkarte. Es war ein dickes Buch mit dickem Goldrand. Darin standen die Weine aller Länder.

Der feine Herr war guter *Laune*. Er wollte etwas wirklich Gutes trinken. Darum *wählte* er den letzten und teuersten Wein, Nummer 144. Zwölf Mark fünfzig wollte er gern dafür bezahlen.

Nummer 144? Der Kellner *verschwand*. Der Herr Oberkellner kam persönlich und fragte:

---

die Laune, die Stimmung
wählen, aussuchen
verschwinden, weggehen

»Was darf ich dem Herrn bringen?«

Der feine Herr sagte etwas ärgerlich: »Ich habe es schon einmal gesagt. Ich wünsche Nummer 144.«

Es dauerte eine halbe Stunde. Leises Sprechen und Flüstern ging durch den Raum. Dann kam die Flasche, vorsichtig in einen *Korb* gelegt. Mit der Flasche kamen der Kellner, der Herr Oberkellner, der *Kellermeister* und der Geschäftsführer. Der Kellermeister nahm den *Probeschluck*. Der Geschäftsführer sprach freundliche Worte und *schmunzelte*. Der feine Herr fand die Freundlichkeit *übertrieben*. Doch für zwölf Mark fünfzig konnte man schon etwas Gutes verlangen.

Der Kellner, der Herr Oberkellner, der Kellermeister und der Geschäftsführer waren

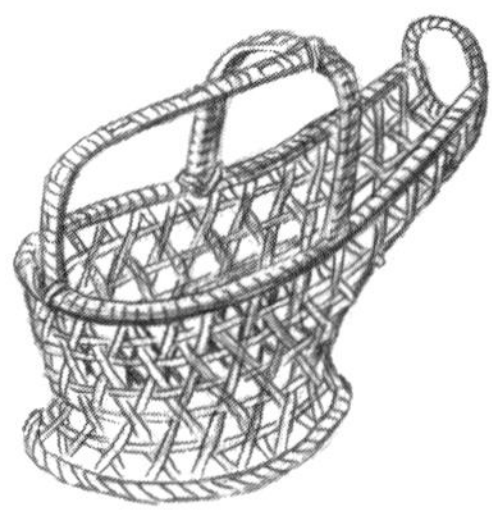

der Korb

---

der Kellermeister, der Mann, der die Weine genau kennt
der Probeschluck, der erste Versuch, den Wein zu trinken
schmunzeln, leise lachen
übertreiben, hier: zu freundlich sein

immer noch da. Sie waren etwas zurückgegangen, aber sie sahen den feinen Herrn die ganze Zeit an.

Jetzt kam der Geschäftsführer an seinen Tisch. Er *verbeugte sich* schon, während er ging.

»Erlauben Sie, mein Herr, wie *mundet* dem Herrn der Wein?«

Aha, dachte der feine Herr, Weine über zehn Mark schmecken nicht, sondern munden.

»Etwas besser könnte er schon schmecken, aber für zwölf Mark fünfzig kann man das auch verlangen.«

»Bitte, mein Herr?«

»Ich meine, zwölf Mark fünfzig ist ja auch ziemlich viel Geld.«

»Zwölf Mark fünfzig. Mein Herr, Sie *irren*. Dieser Wein, Nummer 144, kostet 125,- Mark, *zuzüglich* zwölf Mark fünfzig *Getränkesteuer*.«

Der feine Herr war wirklich ein feiner Herr. Er bezahlte und ging. Den Rest ließ er stehen. Er schmeckte ihm nicht mehr.

---

sich verbeugen, den Kopf nach unten halten
munden, schmecken
irren, falsch denken
zuzüglich, außerdem
die Getränkesteuer, die Extrakosten für Luxuswaren

FRAGEN

1. Was will der feine Herr im Restaurant feiern?

2. Warum kommen der Kellner, der Oberkellner, der Kellermeister und der Geschäftsführer an den Tisch des Herrn?

3. In welcher Weise wird eine teure Flasche Wein serviert?

4. Welche Extrakosten muss der feine Herr für die Flasche bezahlen?

PÄNG

Er hieß mit *Spitznamen Spatz* und war ein *Original.* Wenn er jeden Morgen in die Klasse kam, hatte er immer die gleiche Hose an. Immer mit dem gleichen Loch, das durch eine starke, schwarze *Sicherheitsnadel* zusammengehalten wurde. Er hatte sie auch bei Feierlichkeiten an, sogar im Theater. Wir anderen kamen dann mit frisch *gebügelten* und *ausgewachsenen Anzügen.*

Während wir dumme *Witze* machten und

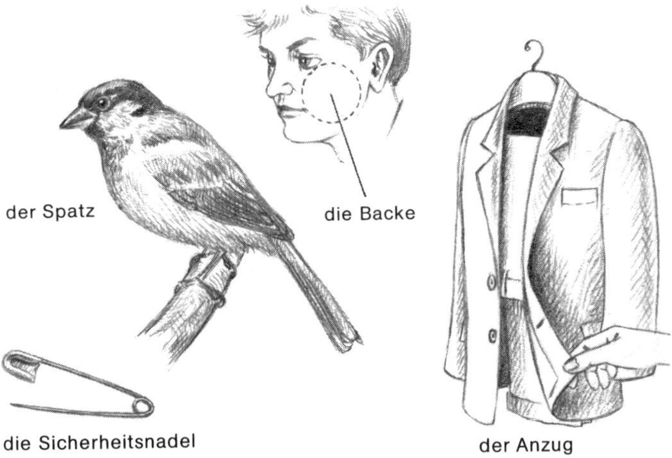

der Spitzname, ein lustiger Name wegen eines merkwürdigen Charakters
das Original, hier: ein merkwürdiger Mensch
bügeln, mit einem elektrischen Apparat glatt machen
auswachsen, zu klein werden
der Witz, lustige Worte

mit den Theaterprogrammen herumwarfen, saß er mit feuerroten *Backen* im Theater und bekam nasse Augen. Und dann ging er still nach Hause. Die schwarze Sicherheitsnadel in der Hose hatte er zur Feier des Tages gegen eine neue helle Sicherheitsnadel ausgewechselt.

Man hat es sicher schon gemerkt: Dieses Original war kein Lehrer, sondern ein Schüler. Das war seine besondere Originalität. Und die Sicherheitsnadel war keine *Schlamperei*, sondern *Trotz*. Es war der Trotz gegen die *bürgerliche* Ordnung.

Wir waren sehr stolz auf ihn. Die anderen Klassen *beneideten* uns. Aber eines Tages kam er aus einem unklaren Grund mit einer anderen Hose ohne Loch und ohne Sicherheitsnadel. Wir waren *empört* und haben ihn *verprügelt*. Das war dumm von uns. Denn aus Trotz gegen die Klasse wollte er nicht mehr die Hose mit Loch und Sicherheitsnadel tragen.

---

die Backe, siehe Zeichnung auf Seite 25
die Schlamperei, die große Unordnung
der Trotz, der Kampf gegen die Schulordnung
bürgerlich, ordentlich
beneiden, gern etwas haben wollen, was die anderen haben
empört, sehr ärgerlich
verprügeln, schlagen

Aber der Trotz gegen die Schule war größer.

Er hatte auch noch andere *Ticks*. Er sagte zu unseren Lehrern nie »Herr Professor« oder »Herr Oberlehrer«, sondern sagte mit kindlicher Stimme »Herr Lehrer«. Das sagte er *bescheiden* in der dritten Person. Hin und wieder stand er mit seiner ganzen Länge in der Mathematikstunde auf und erklärte mit ruhiger Stimme: »Entschuldigung, Herr Lehrer hat einen Fehler gemacht.«

Er konnte sich das erlauben. Dieses und anderes. Er war nämlich ein *Flegel*. Flegel waren wir alle, aber er hatte außerdem eine Intelligenz dazu. Er war einer der Jungen, die es viel zu leicht hatten und die es später im Leben schwer haben.

Nur an sein »Päng« konnte die Schule *sich* nicht *gewöhnen*. Er hatte in der Mathematikarbeit eine besonders elegante *Lösung* gefunden. In der Freude darüber hatte er hinter die fertige Arbeit das Wort »Päng« geschrieben: »x = y (a-b) Päng.«

Es war ihm ganz in Gedanken herausge-

---

der Tick, die Merkwürdigkeit
bescheiden, zufrieden und einfach
der Flegel, der unartige Junge
sich gewöhnen, mit einem Gedanken leben können
die Lösung, das Resultat

sprungen. Aber als es auf dem Papier stand, hatte er seine Freude daran. Und er ließ es stehen.

In dem Unterricht konnte man es ja entschuldigen. Es war sicher keine mathematische *Ausdrucksweise*, aber in einer Klassenarbeit war es bestimmt *fehl* am Platz. Unser Mathematiklehrer war nicht böse darüber und machte nur einen roten *Strich* durch das »Päng«.

Aber in der nächsten Arbeit stand es wieder da: »Der Schnellzug braucht sieben Stunden

---

die Ausdrucksweise, die Form, in der man etwas sagt
fehl, falsch
der Strich, die Linie

sechsundvierzig Minuten. – Päng«.

Diesmal machte der Lehrer einen strengen roten Kreis um das Wort. Einen Kreis, wie man ihn sonst für einen *Fleck* bekommt.

Der Schluss der nächsten Arbeit war wieder ein »Päng«. Da wurde der Mathematiklehrer böse und schrieb dick und rot an den Rand:

»Was heißt »'Päng'«?

Unser Spatz konnte die Frage nicht beantworten. Er schrieb sein »Päng« weiter hinter alle richtigen Lösungen. Und richtig waren seine Lösungen immer. Und der Mathematiklehrer schrieb an den Rand: »U.d.V.«

Vor »U.d.V.« hatte man großen Respekt. »U.d.V.« hieß »*Unterschrift* des Vaters« und das hieß eine Katastrophe zu Hause.

Nicht bei Spatz! Einen Vater hatte er nicht und seine Mutter hatte großen Respekt vor ihm, weil er in die Oberschule ging. Sie schrieb glücklich ihren Namen an die Stelle, wo ihr Sohn mit dem Finger zeigte. Sie glaubte, es war eine besondere Ehre.

Dann fingen die Strafen an:

1. Sein Name wurde in das Klassenbuch eingeschrieben.

---

der Fleck, die unsaubere Stelle
die Unterschrift, der mit der Hand geschriebene Name unter einem wichtigen Papier

2. Er bekam eine Stunde *Arrest*.
3. Er bekam zwei Stunden Arrest.
4. Zum Schluss hielten die Lehrer eine Konferenz.

In der Konferenz fragte man, warum er das machte. Er schüttelte den Kopf. Ob er damit nicht aufhören konnte?

Doch!

Er tat es weiter. Nur einmal schrieb er kein »Päng« hinter die Lösung. Da hatte er ausgerechnet, dass ein Berg 0,000075 Meter hoch war. Und er hatte keine Lust, den Fehler zu suchen. Aber das war nur einmal.

Eine Schule kann das »Päng« auf die *Dauer* nicht entschuldigen. Man versuchte es mit Freundlichkeit. Man war Pädagoge, Biologe, Psychologe. Man sagte: Wenn er seine Freude über eine richtige Lösung nicht zurückhalten kann, dann soll er ein *Ausrufungszeichen* machen.

Unter der nächsten Arbeit stand wieder »Päng«! Aber »Päng« mit einem Ausrufungszeichen.

Da merkte man, dass der Schüler es nicht lassen konnte. Und es wurde ihm erlaubt.

---

der Arrest, die Strafstunde in der Schule
die Dauer, die lange Zeit
das Ausrufungszeichen, !

Besser richtige Lösungen mit einem »Päng« als den »päng«losen *Unsinn*, den die anderen schrieben.

Und ehrlich gesagt: Es war überhaupt kein Tick von ihm. Sondern Trotz. Ein Stück Revolution.

Und ehrlich gesagt: Die Schule glaubte auch nicht an einen Tick. Die Schule war klüger.

Päng.

FRAGEN

1. Was hat »Spatz« im Theater an und was haben die Jungen an?

2. Warum geht »Spatz« immer mit dem Loch und der Sicherheitsnadel?

3. Wie reagiert der Mathematiklehrer auf das Wort »Päng«?

4. Welche Strafmöglichkeiten gibt es für den Trotz gegen die Schulordnung?

---

der Unsinn, die Dummheit

x=y(a-b
PÄNG

DER WILLI UND ICH

Heute kann man es ruhig erzählen. Es ist schon so lange her und überhaupt nicht mehr wahr. Und es hat auch kein Mensch etwas davon *erfahren*. Außerdem war ich *damals* ein ganz dummer Junge. Und der Willi, der war doch ein ganzes Jahr älter als ich. Und er hat mich doch nicht davon weggehalten, sondern er hat mitgemacht. Und eigentlich ist er es auch gewesen.

Der dicke, runde *Turm*, der für das Trinkwasser unserer kleinen Stadt sorgte, war schon immer der Brennpunkt unserer *Neugier*.

Ein Turm ist ein Turm und hat etwas mit *Ritter-* und *Räuber*romantik zu tun. Besonders, wenn er *abgeschlossen* ist. Das war sein besonderer *Reiz*.

Eines Tages, als wir wieder einmal vorbeigingen, stand die Tür auf. Die Tür war frisch *gestrichen*. Die Farbe sollte trocken werden.

---

erfahren, hören
damals, früher
die Neugier, der Wunsch, etwas gern wissen zu wollen
abschließen, zumachen
der Reiz, das große Interesse
streichen, dem Haus eine neue Farbe geben
der Turm, der Ritter, der Räuber, siehe Zeichnung auf Seite 34

3 Man kann ruhig darüber sprechen

der Turm

der Ritter

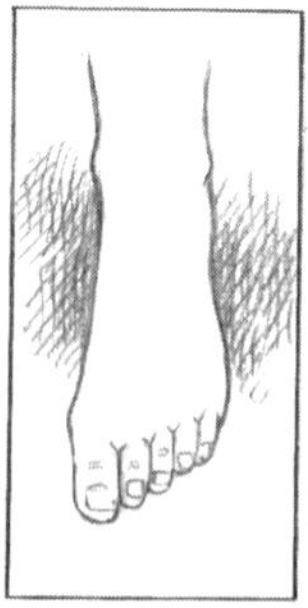

die Zehenspitze

der Räuber

Auf *Zehenspitzen*, ohne Luft zu holen, sprangen wir hinein, der Willi und ich. Wir *kletterten* die Treppe hinauf und standen dann oben auf der *Galerie* über dem klaren Wasser. Wir beugten uns über das *Geländer* und lachten über unser *Spiegelbild*. Wir *schnitten Fratzen* und *streckten die Zunge heraus*.

Weitere Möglichkeiten der Freude hatten wir nicht. *Geheimnisse* fanden wir da oben nicht.

»Warum schließen die hier immer so *sorgfältig* ab?«

---

klettern, hinaufgehen
die Galerie, hier: der obere Gang auf dem Turm
Fratzen schneiden, das Gesicht unnatürlich machen
das Geheimnis, das unbekannte Wissen
sorgfältig, exakt, genau

das Geländer

das Spiegelbild

die Zunge herausstrecken

»Mensch, das ist doch Trinkwasser! Denk einmal, was da alles geschehen kann.«

»Du meinst, *jemand* könnte – – – «

»Klar. Und alles Mögliche!«

Wir sahen auf das Wasser. Wie viel Kubikmeter waren das wohl? Grundareal mal Höhe – – –?

»Du, Willi, hast du für den Molch schon die Strafarbeit gemacht?«

Der Molch war unser Mathematiklehrer. Die Strafarbeit hatten wir bekommen, weil wir ihm nasse Kreide auf den Stuhl gelegt hatten. Wir fühlten uns zu Unrecht bestraft und waren sehr böse auf ihn.

»Du – – – «

---

jemand, einer

»Was?«

»Der Molch bekommt doch auch von dem Wasser zu trinken?«

»Was soll das? Willst du Gift hineintun?«

»*Quatsch*. Gift natürlich nicht. Aber – du – das wäre fein!«

»Ach so – – – «

»Denk einmal, wenn alle Menschen das trinken müssen, der Molch und der Pavian und die dummen Schüler von der *Sekunda* und alle.«

»Du bist ein *Schwein*!«

das Schwein

»Also, hör einmal zu! Einer von uns muss da unten stehen und *aufpassen*, damit *niemand* kommt und der andere ...«

Der Willi konnte nicht mehr warten, diesen schönen Gedanken durchzuführen. Ich ging

---

der Quatsch, dumme Worte
die Sekunda, die sechste und siebte Klasse im Gymnasium
aufpassen, aufmerksam sein
niemand, keiner

hinunter und *stand Schmiere*. Ich stand so lange, wie ich es für nötig hielt und dann ging ich vorsichtig und neugierig wieder nach oben.

Der Willi machte ein dummes Gesicht. Zu sehen war natürlich nichts. Wie Silber lag der klare Wasserspiegel.

Dann liefen wir los. Wir waren glücklich vor Freude. Jetzt trinken sie das und wissen es nicht. Unsere ganze *Rache* gegen alle Menschen war *gestillt*, für das jetzige und das kommende Schuljahr. Und nur wir wussten es. Wir brauchten ja kein Wasser zu trinken. Der Willi meinte das auch.

Schmiere stehen, aufpassen, dass keiner kommt
die Rache, die Antwort auf eine böse Tat
stillen, zur Ruhe bringen

Zum Abendbrot gab es Tee. Ich hatte nie darüber nachgedacht, aber jetzt hatte ich den Gedanken: Tee wird ja mit Wasser gemacht. Ich ließ den Tee stehen. Tee ist auch nicht gesund am Abend.

»Was sind das für neue *Ansichten*?«, sagte der Vater, »meinetwegen trink Wasser.«

Nein, das wollte ich auch nicht. Schlimm genug, dass es die anderen taten. Das war überhaupt eine schlimme *Geschichte*. Langsam verstand ich es: Was ich gegen den Molch und meine Feinde tun wollte, mussten die anderen auch fühlen. *Gewiss*, wer es nicht weiß, den *macht* es nicht *heiß*. Aber der Molch und die anderen! Die wussten es ja auch nicht!

Und trotzdem war es ein schönes Gefühl. Und außerdem eine große Sache! Ich hatte der ganzen Stadt etwas angetan. Ich und der Willi. Was wird die Klasse dazu sagen?

Auch den Kaffee am nächsten Morgen *lehnte* ich *ab*. Ob ich nicht ein Glas Milch haben könnte. In der Schule hatten wir gelernt, dass Milch besser für Kinder war.

---

die Ansicht, die Meinung
die Geschichte, hier: die Sache
gewiss, sicher
heißmachen, hier: sich ärgern
ablehnen, Nein sagen

»Milch bekommst du in den Kaffee«, sagte meine Mutter.

Die Butterbrote konnte ich ohne Kaffee nicht essen. Ich ging also ohne Frühstück zur Schule.

Inzwischen hatte ich noch eine andere böse *Entdeckung* gemacht: Ich durfte von meiner Tat überhaupt nichts erzählen. Ich hätte Klassenschläge, Schulschläge, Stadtschläge bekommen. Nun machte mir der Wasserturm überhaupt keine Freude mehr. Jetzt konnte ich damit doch nicht *prahlen.*

Um zehn Uhr liefen die anderen Schüler zum *Wasserhahn.* Ich stand durstig dabei und wusste nicht, ob ich sie beneiden oder *bedauern* sollte.

In der Zwölfuhrpause hielt ich es nicht

der Wasserhahn

---

inzwischen, in der vorangegangenen Zeit
die Entdeckung, das neue Wissen
prahlen, sich wichtig machen
bedauern, Leid tun

mehr aus. Ich hatte beinahe vierundzwanzig Stunden nichts mehr getrunken. Die Zunge *klebte* mir fest am *Gaumen*.

Ich lief auf die Straße und trank von meinem bescheidenen, kleinen Sonntagsgeld ein Glas Bier. Milch wollte ich nicht *bestellen*. Bier mochte ich eigentlich nicht. Ich fand es dumm und es schmeckte mir nicht. Jetzt

---

kleben, fest sitzen
bestellen, im Restaurant um etwas bitten

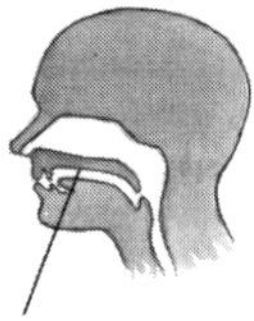
der Gaumen

schmeckte es sehr gut und ich trank noch ein Glas, weil ich so einen großen Durst hatte.

Zwei Glas Bier für einen dreizehnjährigen Jungen ist nicht das Richtige. In der letzten Stunde schlief ich ein und der Molch wurde böse auf mich. Der konnte ja auch zufrieden sein. Der hatte ja Kaffee oder Wasser getrunken. Aber was für Wasser! Der Gedanke daran *entschädigte* mich.

Am Mittag ging ich wie immer in die Küche. Dort sah ich, wie die Mutter Wasser an das Fleisch tat. Nun, man braucht ja kein Fleisch zu essen. Aber die Suppe war sicher auch mit Wasser gemacht, bestimmt sogar! Alles wird mit Wasser gemacht. Und da stand auch noch das Wasser von den Kartoffeln. Wasser überall!

Ich aß nichts und sagte:

»Ich habe Kopfschmerzen.«

---

entschädigen, sich später über den Ärger der anderen freuen

Das lernt man in der Schule. Mein Vater fand es jetzt zu dumm, er sah in meinen Hals und ich musste »aah« sagen. Resultat: zwei *schallende Backpfeifen*. Er hat sicher das Bier *gerochen*. Also darum hatte ich keinen Appetit! Mein Taschengeld wurde weggenommen. Nun war ich neugierig, ob ich verhungern oder verdursten würde.

Auf den Willi war ich böse. Der war es doch eigentlich gewesen.

Und er machte sich überhaupt keine Gedanken darüber. Er aß und trank, was er wollte. Aber bei ihm war das ja auch etwas anderes. Ich, an seiner Stelle – aber er musste es ja selber wissen.

Nach drei Tagen war ich ausgehungert und so dünn wie ein *Fakir*.

Und dann sah ich, wie meine Mutter Wasser

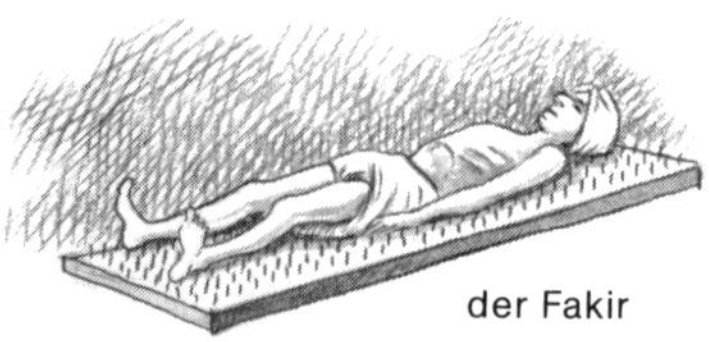
der Fakir

---

schallend, sehr laut
die Backpfeife, der Schlag ins Gesicht
riechen, mit der Nase merken

trank, viel Wasser. Sie war nämlich eine fleißige Frau und kam leicht in *Hitze*.

Da konnte ich es nicht länger ertragen und ging zum Wasserwerksdirektor. Es war nicht leicht für einen Jungen, den hohen Herrn persönlich zu sprechen. Es ging auch nur, weil ich schrecklich *aufgeregt* war.

die Hitze, die große Wärme
aufgeregt, nervös

»Herr Direktor, Sie müssen das Wasser *ablassen.*«

»Nanu? Ist jemand krank geworden?«

»Das natürlich nicht. Aber das Wasser ist nicht in Ordnung. Das heißt nicht ganz in Ordnung.«

Es war nicht einfach, mich hier gut *auszudrücken.* Als ich es glücklich gesagt hatte, war ich dunkelrot geworden. Ich erwartete, dass der Himmel herunterfiel. Er tat es nicht. Auch der Wasserdirektor fiel nicht vom Stuhl. In seinem Gesicht bewegte sich nichts. Vielleicht glaubte er mir nicht? Ich gab ihm mein Wort, aber auch das machte keinen *Eindruck* auf ihn.

»Schön, wir können das Wasser ja mal auswechseln.«

»Herr Direktor, es muss aber sofort geschehen. Darf ich helfen?«

»Geh schön nach Hause. Aber du brauchst nicht darüber zu sprechen. Sonst kommst du ins *Gefängnis.* Verstanden?«

Ich konnte nicht sehen, ob das Wasser wirklich abgelassen wurde. Dann lief ich zu Willi.

---

ablassen, herauslaufen lassen
ausdrücken, die richtigen Worte finden
der Eindruck, das Bild, das man von einer Sache bekommt

das Gefängnis

Der verstand überhaupt nicht, warum ich *heulte*.

»Mensch, du bist ja verrückt! Das soll etwas sein! So ein bisschen *Spucke* auf so viel Wasser.«

»Warum Spucke? Hast du da hineingespuckt?«

»Ja, was meinst du denn sonst?«

»Ich – – – ach – – – nichts.«

Was ich die letzten Tage nicht gegessen und getrunken hatte, habe ich schnell *nachgeholt*. Aber wenn ich heute daran denke, weiß ich wirklich nicht, ob Willi nur ins Wasser gespuckt hat.

Heute ist er Generaldirektor.

---

heulen, laut weinen
die Spucke, das natürliche Wasser im Mund
nachholen, etwas tun, was man vorher nicht getan hat

FRAGEN

1. Warum hat man in einer Stadt einen Wasserturm?

2. Welchen Reiz hat der Wasserturm auf die beiden Jungen?

3. Welche Aufgabe hat Willi und welche Aufgabe hat der andere Junge?

4. Was muss man mit dem Wasser machen, wenn es nicht mehr sauber ist?

5. Welche Folgen hat schmutziges Wasser für die Bewohner der Stadt?